한낮의 사랑이 오후가 지나 말을 걸었다

여전히 그리워하고 있어.

처음부터 지금까지

처음부터 나를 설레게 했던 너는
너무 일찍 왔거나

지금까지 너를 설레게 하는 나는
너무 늦게 왔거나

바보같이 너를 보낸 나는
너무 빨리 떠났거나

또다시 나를 그리워하는 너는
너무 오래 남았거나

마음 시리게 빛나는 너를 마주할 수 없는 나는
세월 속에서 영원히 사랑하고 사랑할 수밖에

바라보아도 잡을 수 없는
눈부시게 아름다운 너를 삼켜낸다.

처음부터 나를 설레게 했던 너를

지금까지 그리워하고 있다.

로맨스

밤을 새워 누군가를 추억하고 계속
그리워하고 그리워하다 그만
눈물이 새벽을 깨우고 말았습니다.

눈물이 안쓰러운 마음을 씻어낸 지금
당신이 나의 로맨스에서 지워진 순간
이미 행복한 미소를 볼 수 있었습니다.

꿈으로

당신이 꿈에 찾아오는 날이면 나는
자주 눈물의 밤을 지새웁니다.

내가 당신의 꿈으로 스며들기를 나는
홀로 간절히 소망합니다.

사랑의 무게

그에게 물었다

"사랑도 무게를 잴 수 있을까?"

대답 대신 그는
묵묵히 나의 곁을 지켰다.

오다 주웠다고

이 꽃은 오다가 주웠어

네 심장 소리가 듣고 싶었거든...

수련 (秀蓮)

마음을 다해 사랑을 말하자
말없이 다정히 손을 내밀어 주는
한 사람이 있었습니다.

겨울의 꽃송이 같은 마음으로
여름의 소나기 같은 눈빛으로

햇빛의 따스함 같은 눈부심으로
달빛의 다정함 같은 설레임으로

진심을 다해 내 사람이라 외치자
말없이 따스히 사랑으로 대답한
내 사람이 있었습니다.

외로움 속에서 홀로 꽃 피우듯
그리움 속에서 함께 당신을 그려봅니다.

빛

그냥 아는 사람이 아니라
소중한 너를 바라볼 수 있던
모든 순간들이 그냥 즐거웠어.

너에게

너를 바라볼 수 있던 나는
모든 순간이 행복했어

나를 바라봐 주는 너는
모든 순간에 함께였어

다시

또다시 두근거리고

또다시 바라보고

또다시 원하고

또다시 사랑을 한다.

또다시 그리움이 내린다.

또다시 너에게 향한다.

내 마음은….

사랑

전하지 못한 나의 진심은
어제 보고 오늘 보아도
아직도 서툴고 새로운 모양

변하지 못한 나의 진심은
어제 듣고 오늘 들어도
여전히 두근대는 심장 소리

천사의 마지막 미션

이 세상 끝나는 마지막 그날까지
너를 내가 사랑하는 너를.
그런 너를 변함없이 사랑하는 일.

검정물감

처음부터 우리가
흰색이었으면 좋겠다고
오래도록 소망했으나
너는 검정색이었다.

흰색의 여인인 나를
끝까지 지켜주었다 너는
검정 물감 한 방울로.

미술 시간에

내가 섞는 물감 가운데
가장 예쁜 색으로 너를
그리고 싶다.

내가 가진 연필 가운데
가장 고운 선으로 너를
그리고 싶다.

내가 짓는 표정 가운데
가장 멋진 표정으로 너를
그리고 싶다.

내가 그리는 그림 가운데
가장 아름다운 모습으로 너를
그리고 싶다.

다행이다

다행이다
지난 청춘을 떠올려 보면

다행이다
남은 시간을 생각해 보면

대답 없는 침묵은
시간이 지나야 사랑이고
세월이 흘러야 이별이다

다행이다
그게 너라서

졸업사진

멋있게 손질한 머리,
언제나 잘생긴 얼굴,
우리의 흰색 교복 카라 티,
짙고 푸른 사진 배경,

잃어버린 사진은 되돌릴 수 없고
흘러가 버린 세월도 붙잡을 순 없지.

환하게 웃고
자주 행복하자

우리의 사랑

나의 연약함을 알아봐 주는 사람
내가 좋아서 미치겠는 그 사람
하필 그 사람도 내가 좋아서 미치겠다는
그런 사랑

울지마, 괜찮아.

힘겹게 지나온 아픔의 순간
밤새 지새운 눈물의 강을 건너
잔잔하게 발을 비추는 별들의 위로
곁을 지켜주는 따뜻한 침묵
무심한 듯 건네는 다정한 수건

우리의 청춘

마음을 마주한 사람은
진정으로 용감한 사람이란다.

애정을 표현한 사람도
진정으로 사랑한 사람이란다.

그 시대의 불안정이 할퀴고 간
우리의 청춘.

약속해 줘

혹시 누가 이번 생의 작별을 먼저 알리게 되더라도
우리 너무 오래 방황하지는 않기로 하자.
한 달 또는 두 달,
한 해 또는 두 해,
그렇게 시간을 정해두고 마음껏 슬퍼하고
그 기간만큼만 충분히 아프기로 하자.
우리 너무 오래 방황하지는 않기로 하자.
그렇게 약속하자.

2004년 여름

잊었으나 잊히지 않았다.

2014년 여름

새하얀 고백은 여름이었을까.

2024년 여름

숨기고 싶었으나 들키고 말았다.

차이

과일에도 '종특'이 있듯이
사람들도 '종특'이 있더라

눈에 띄지 않고 조용한 걸 선호하는 내성적인 성향에도
어딜 가든지 늘 주목받고 지나친 관심을 받는 사람들!

실은 사람들의 관심이 부담스러운 순간이 더 많은 이들을
'종특'이라고 부르련다.

성격 탓에

같이 떠들기보다는
조용히 웃어주는 성격 탓에

함께 떠들기보다는
조용히 혼자 있는 성격 탓에

먼저 말하기보다는
언제나 들어주는 성격 탓에

내 이야기를 꺼내는 일이 어려웠다
성격 탓에

다시 그림

수채화를 좋아하던 아이,
아크릴을 좋아하게 된 어른,

여전히 그림을 좋아한다.
내가 너를 좋아하듯,

화답

그 시절은 분명 지나갔지만
사진을 지우고
기억을 지워봐도
우리에게 추억이 선명히 남았기에
감히 너를 간직하기로 해.

너를 볼 수 있던 매 순간 행복했어.

남몰래 설레였고,
솔직하지 못해 미안했고,
진심으로 사랑했어.

마음에 그린다

마음에 그린다
사랑하는 너를
마음에 그린다
여전히 나 너를
마음에 그린다
떠나지 못한다
지우지 못한다

취미 생활

사랑하는 것을 그림으로 그리고
생각을 정리하기 위해 글을 쓴다.

그럼에도 그가 그리운 날 찾아오면
우리를 추억할 노래를 듣곤 한다.

우리의 약속

철없던 시절의 힘든 이야기는 이제 그만하기로 해요.
지나온 시간의 기쁜 이야기만 해 보는 거예요.
매일 새벽에 일어나 당신 이야기를 담은 글을 썼다든지
아침에 커피를 주문하면서 당신의 취향이 궁금해졌다든지
무심히 걷다 보면 당신의 상처가 떠오른다든지
잠들기 전에 노래를 들으면서 당신을 그리워한다든지
조금 더 솔직하고 설레는 이야기만 하기로 해요.

야속한 시절의 방해꾼들 이야기는 이제 그만 하기로 해요.
살아갈 날에 함께 할 우리들의 이야기만 해 보는 거예요.
커피를 마시면 잠이 오지 않아서 밤새 블로그에 글을 썼다든지
저녁 식사 요리를 하면서 당신이 좋아하는 음식이 궁금해졌다든지
노을 지는 석양을 바라볼 때마다 당신이 떠오른다든지
밤하늘 사이의 달을 바라보며 해가 뜨기를 그리워한다든지
조금 더 행복하고 진솔한 이야기만 하기로 해요.

실은 살아갈 날들에 우리들의 재미있는 이야기만

잔뜩 늘어놓아도 시간이 부족하다는 걸 알아요.

사랑합니다. 당신이 알려준 다섯 글자예요.
보고싶어요. 당신께 드리는 다섯 글자예요.

어느 날 우리가 이별하는 날이 찾아오더라도
당신 너무 오래 방황하지 않기로 약속해줘요.
스스로 행복해지기로 해요.
그게 우리의 약속이잖아요.

지환

내 손을 좀 보아라

두 개의 눈부신 연보랏빛 쌍가락지와
가느다란 홍실로 엮인 두 개의 마음

내 손을 좀 보아라

왼손 네 번째 손가락에 지환이 있다면
설레는 연보랏빛 쌍가락지일지니

내 손을 좀 보아라

아름다운 두 사람이 서로의 사람이라는
간절한 사랑이 이어진 홍연일지니

내 손을 좀 보아라

당신이 나의 반려라는 증거

믿기 어렵겠지만 믿어도 좋다

화양연화(花樣年華)

어제의 너를 사랑이라고 말하고

오늘의 너를 추억이라고 말했다

여전히 그리고 남몰래

삶이 꽃이 되는 순간은 언제나

가장 아름다운 추억도 항상

러브레터

따뜻한 바람 불던 날이던가,
내가 마주한 두 눈에는
따뜻한 심장을 지닌
누군가가 있었다.

부끄러운 마음에
두근거리는 마음 숨기고
끝까지 두 눈 맞추려 했지만 끝내
마주치지 못했다.

다만 너의 발걸음을 조금
따라 걸을 뿐이었다.

장미

너에게 장미 꽃다발을 준다.
숨겨진 꽃말이 있다.
그날 꽃송이들이
내 손에 있었기에.

인생 갈림길에 들어서
가장 눈물 내리던 순간에
제일 믿을 수 있던 네가
내 곁을 지켜주었기에.

가끔 하얗고 어여쁜 장미를 그린다.
너는 나를 사랑으로 바라보고
나는 너를 향해 다가가고 있다.
첫사랑의 장미와 함께.

소나기

그때의 우리

한 소년과 소녀의
중간 어디쯤 심장에
조용히 숨 쉬는 마음
거기 자라는 우리의 두 글자

친구들에게 들킬까
쑥스러워 숨겨온 마음

소녀의 정인
숨겨온 마음
소년의 정인
서로의 마음

가을과 봄 사이 어디쯤
어색하고 이상한 감정이거나

전하지 못한 설렘이거나
평생 잊지 못할 마음이거나

사랑과 사람

아닐 수 없듯

지나온 시간 중에
가장 설레였던 두 글자
"반려(伴侶)"

진하고 강렬한 진심이라
더이상 짝꿍이 아닐 수 없는
진솔한 대화

그날 네가 나에게
선물해 준 두 글자
"반려(伴侶)"

오래도록 떨렸던 마음이라
서로의 사랑이 아닐 수 없는
진실한 고백

우리는 서로의

영원한 두 글자

"반려(伴侶)"

이별 예감

어디부터 잊었냐고
속상해 말아요.
다만 조금 비워냈을 뿐
그냥 날 미워하세요
언젠가 날 잊어도 좋아요.

망상

못생겨서 잘생겼다
어깨가 좁아서 듬직하다
키가 작아서 멋있다
거짓말로 끝끝내 잊지 못했다

오지 못하는 그대

요즘도
네 마음속에 나는
잘 살고 있냐고,

여전히 내 마음속에
살고 있는 너를 나는
아직도 그리워하고

크록스

아빠도 크록스
동생도 크록스

그리고 너도
똑같은 남색 크록스

오늘의 시간

우리네 삶이 갑자기 평온해져서
붉은 해님도 보이고
달님의 토끼도 보이네

내 것인 내 사람
그때부터 지금까지
마음 전하지 못해….

걷다가 뛰다가
가끔 멈춰서서 마주할 때
비로소 사랑을 전할 수 있겠네.

앵매도리(櫻梅桃梨)

사람은 매양 삶을
열심히 살지만 언제나
삶에 최선을 다하는 것만은 아니다

삶을 열심히 살지만
때론 감사함을 알지 못할 때도 있고
대충대충 살아낼 때도 있더라

지금의 내 인생이 가장
소중한 삶이고 존귀한 순간인 것을 알고
스스로 가능성을 믿으며
여유를 가져야만 한단다

너를 바라봄으로 힘을 얻는 나는
타(他)의 간섭에도 불구하고
있는 그대로의 모습으로
나다운 아름다움을 발산해

보려고 한단다.

믿기지 않거든 제발
시간이 흘러 변화하는 나를 보아라
너를 그리워하는 일이 일상인 나는
언젠가 당신을 마주하는 순간에 부끄럽지 않도록
그럼에도 불구하고 반드시 피어나고야 말겠노라고.

변함없는 사랑

시간을 거슬러
그때의 너에게로 간다
새하얀 마음이 고백하고
핑크빛 설렘이 대답한다.

새하얀 마음과
핑크빛 설렘이 어우러져
꽃들이 함께 말한다.
너를 영원히 사랑한다고.

여우비

네가 찾아오는 날엔
조용히 울고

네가 그리워진 날엔
외로이 울고

네가 떠나가는 날엔
즐겁게 울자

그리하여 우리가 비가 되고
구름이 되면 다시 비를 내리자
돌고 돌아 우리는 영원히
서로의 서로가 되자.

식

'월식'은 아니고
'일식'도 아니야

그래!
'결혼식'이야.

"난 널 만날 때마다 결혼할래."

결혼'식'을

우리의 여름

나는 아직도 네가

그리워서 아프다

여전히

이제 그만하라는데 여전히 그리운 사람이 있다.
만나지 말자면서 여전히 만나고 싶은 사람이 있다.

아마도 넌 나에게
여전히 사랑인가 보다.

하고 싶은 말

일어로 "아이시떼루"
불어로 "쥬뗌므"
독어로 "이히리베디히"
영어로 "아이러브유"

한국어로 "사랑해"

후회합니다

지금의 나는 너에게

사랑한다는 말을 솔직하게 고백하지 못한 것을

과거의 너는 나에게

사랑한다는 말을 용기내 전달하지 못한 것을

약속

달빛 아래 함께하자
마음을 엮었다.
생이 다하는 날까지
다음 생까지도 함께하자
마음을 엮었다.
끝내 우리 마음 닿는 곳까지
함께하자
난 아직도 너라고 말한다.

그리움

꽃을 보면
네 생각이 나고
나무를 보아도
네 미소가 떠올라

지금도 너에게
닿고 싶지만
이제는 그럴 수 없어

그리워하다 속앓이하다
끝끝내 혼자 삼켜내는
외로운 꽃나무

들꽃

향기가 너무 좋아
혼자 설레다 혼자
돌아봅니다.

우리는 사랑을 모른다

후회 없는 사랑은 이미
사랑이 아니다.
지나온 날들을 후회하고
선명한 오늘을 살아내도
여전히 그리운 너의 얼굴

서툴지 않은 사랑은 이미
사랑이 아니다.

겨울

어느 날 당신이 눈꽃처럼 내렸다.

그리운 날이면

당신이
당신이
그리운 날이면
음악을 들었다.

늘 곁을 지키던 사랑을 떠나보내고
고백 같은 선율만이 내 귓가에 흐른다.

당신이
당신이
보고 싶은 날이면
그림을 그렸다.

이미 늦어버린 사랑을 정리하고 나서야
미련을 품은 그림들이 마음에 남았다.

당신이

당신이
떠오르는 날이면
글을 쏟아냈다.

고백인지 사랑인지 알 수 없는 이별 후에야
글별들이 쏟아낸 시집을 선물할 수 있었다.

당신이
당신이
그리운 날이면

속앓이

두려웠다
많이 두려웠다 많이
내 인생이 너의 우주를 삼킬까,

이별했다
우리 이별했다 우리
내 마음이 우리를 집어삼키지 않도록,

어떤 그리움

사계절이 지나고 이제야
함께 한 세월이 사랑임을.

마음 속 그리움은 여전히
공기를 어지럽히는 추억임을.

이제서야 당신에게

부족한 용기,
자신 없는 태도,
모른 척 삼킨 마음,

그게 아닌데….
그게 아닌데….

진실한 고백,
솔직한 태도,
간절한 마음,

바로 이건데….
바로 이건데….

지금 되돌리고 싶은 시절이
바로 당신이라고,
이제서야 당신에게.

달빛 아래서

기억한다
여전히 기억한다

달빛 아래서
그 순간을 기억한다

달빛 아래서
그 사랑을 기억한다

기억한다
여전히 기억한다
되돌리고 싶은 그 순간을.

편지

음악을 듣다가 무슨 일인지 갑자기 눈물이 핑 돌 때가 있다.

내가 왜 이러지 싶어 들여다보고 헤집어봐도

자다가 깬 두 눈에서 눈물 자국을 발견하고 놀라는 순간

내가 왜 이럴까 싶어 꿈에 누가 나타난 건 아닌지 기억을 더듬는다.

도대체 왜 이러는지 의아해하며 바보 같은 나를 마주한다.

아마도 우리의 사랑을 추억하며 혼자 열병을 앓는 중인가 보다.

난 여전히 당신에게 마음의 편지를 써 내려 간다.

고마워,
내 인생에 나타나줘서.

가장 아름다운 문장

소녀는 소년에게
꽃처럼 한 철만 사랑해 줄 거냐고 물었다.

소년은 말없이
소녀의 두 눈을 바라보며 묵묵히 곁을 지켰다.

그렇게 우리는 침묵 속에 서로의 곁을 지키는...
세상에서 가장 아름다운 문장이 되었다.

그냥

그냥 좋았다.
그냥 당신이 좋았다.

돌이켜 보면
나는 결국

그냥 좋았다.
그냥 당신이 좋았다.

지난가을에

우리는 이미 지나온 계절인데
지난가을 떨어진 낙엽 조각에
나는 왜 이렇게 방황하는가.

그대 언제부터 내 마음을 어지럽혔나.

지난가을 당신에게 내 심장을 내어 주었으니
이제 당신은 무엇이든 할 수 있는 사람이라고
지난가을에.

마지막 인사

나의 서툰 사랑에
그동안 힘들지는 않았는지…
당신의 안부를 묻는다.

사랑을 선물하고
그리움을 돌려받은
나는 당신이 아프다.

아프도록 간절히 당신만은
평안하게 행복하길 간절히 소망한다.

추억이 내리는 날이면

눈물 내리는 날이면,
빛처럼 환한 미소로 웃어준
당신 한 사람으로 인해 내 세상은,
다시 눈부신 햇살을 마주하고

빗물이 내리는 날이면,
다정한 마음 하나를 선물한
나라는 사람으로 인해 당신 세상이,
환하게 빛나 웃을 수 있기를

선물

예쁜 것들을 보면
네게 건네고 싶고
멋진 경치를 보아도
네게 보여주고 싶어

작은 물건부터
넓은 풍경까지
모두 선물하고 싶은데
함께할 수 없는 우리

기뻐했다가 걱정했다가
무너졌다가 행복해졌다가
산이 되었다가 바다가 되었다가
끝끝내 홀로 불태우는
선물의 조각들

미련하게도

여전히 당신을 그리워하고

다행스럽게도

당신이란 선물을 간직하고 있다

한낮의 사랑이 오후가 지나 말을 걸었다

초판 1쇄 발행 2024년 11 월 31일

저자 류나영

펴낸이 김영근

편집 김영근 최승희

펴낸곳 마음 연결

주소 경기도 수원시 팔달구 인계로 120 스마트타워 1318

이메일 nousandmind@gmail.com

출판사 등록번호 251002021000003

ISBN 979-11-93471-29-6

값 12000